BEI GRIN MACHT SICH IHR WISSEN BEZAHLT

- Wir veröffentlichen Ihre Hausarbeit, Bachelor- und Masterarbeit

- Ihr eigenes eBook und Buch - weltweit in allen wichtigen Shops

- Verdienen Sie an jedem Verkauf

Jetzt bei www.GRIN.com hochladen und kostenlos publizieren

Bibliografische Information der Deutschen Nationalbibliothek:

Die Deutsche Bibliothek verzeichnet diese Publikation in der Deutschen Nationalbibliografie; detaillierte bibliografische Daten sind im Internet über http://dnb.d-nb.de/ abrufbar.

Dieses Werk sowie alle darin enthaltenen einzelnen Beiträge und Abbildungen sind urheberrechtlich geschützt. Jede Verwertung, die nicht ausdrücklich vom Urheberrechtsschutz zugelassen ist, bedarf der vorherigen Zustimmung des Verlages. Das gilt insbesondere für Vervielfältigungen, Bearbeitungen, Übersetzungen, Mikroverfilmungen, Auswertungen durch Datenbanken und für die Einspeicherung und Verarbeitung in elektronische Systeme. Alle Rechte, auch die des auszugsweisen Nachdrucks, der fotomechanischen Wiedergabe (einschließlich Mikrokopie) sowie der Auswertung durch Datenbanken oder ähnliche Einrichtungen, vorbehalten.

Impressum:

Copyright © 2018 GRIN Verlag
Druck und Bindung: Books on Demand GmbH, Norderstedt Germany
ISBN: 9783668958661

Dieses Buch bei GRIN:

https://www.grin.com/document/490174

Milan Viktorias

Computergestützte Gruppenarbeit (CSCW). Geschichte, Entwicklung und relevante Modelle

GRIN Verlag

GRIN - Your knowledge has value

Der GRIN Verlag publiziert seit 1998 wissenschaftliche Arbeiten von Studenten, Hochschullehrern und anderen Akademikern als eBook und gedrucktes Buch. Die Verlagswebsite www.grin.com ist die ideale Plattform zur Veröffentlichung von Hausarbeiten, Abschlussarbeiten, wissenschaftlichen Aufsätzen, Dissertationen und Fachbüchern.

Besuchen Sie uns im Internet:

http://www.grin.com/

http://www.facebook.com/grincom

http://www.twitter.com/grin_com

Universität Siegen
Fakultät III
Fachbereich CSCW und Soziale Medien

Computergestützte Gruppenarbeit (CSCW)

Eine Ausarbeitung der Geschichte, Entwicklung und relevanter Modelle

Eine Studienleistung im Kurs **Computer Supported Cooperative Work (2018)**
Im Sommersemester 2018

Studienfach: M.A. Medien und Gesellschaft (Fachsemester 4)

Siegen, der 03.08.2018

Abstract:

Die vorliegende Studienarbeit beschäftigt sich mit einem historischen Aufriss der Entstehung und Entwicklung des interdisziplinären Forschungsbereichs der Computergestützten Gruppenarbeit (CSCW). Nach einer kurzen Einleitung sollen zunächst einige zentrale Definitionen von CSCW vorgestellt und diskutiert werden. Weiterhin soll die Entstehungsgeschichte des Forschungsgebiets historisch aufgerissen und einige zentrale Konzepte vorgestellt werden. In einem abschließenden Fazit sollen die Erkenntnisse dieser Ausarbeitung zusammengetragen und kritisch diskutiert werden.

I. Inhaltsverzeichnis

1. Einleitung — S. 4

2. Definitionsversuch — S. 5

3. Historischer Aufriss des Forschungsgebiets — S. 6

4. Diskussion relevanter Modelle. — S. 8

5. Fazit — S. 10

II. Literatur- und Quellenverzeichnis

1. Einleitung

In unserem Alltag spielen informationstechnologische Innovationen und neue Kommunikationsmedien eine immer größere Rolle. Die zahlreichen Medien- und Kommunikationstechnologien werden dabei immer mobiler und sind aus dem Alltag nicht mehr wegzudenken. Auch im Arbeitsalltag spielen solche Technologien eine zentrale Rolle, da sie als Organisations- und Informationsgrundlage zur interaktiven und vernetzten Zusammenarbeit von Menschen untereinander genutzt werden. Schon seit Jahrzehnten werden Computer zur Unterstützung im Arbeitsalltag verwendet, um Daten und Informationen zwischen mehreren Nutzenden[1] gemeinsam pflegen und bearbeiten zu können. Klaus North (2002) merkte an, dass die Entwicklung der Informationstechnologien dazu geführt hat, dass große Informations- und Datenmangen zu geringen Kosten gespeichert werden können und Personen interaktiv über große Distanzen hinweg miteinander arbeiten und Wissen austauschen können (North 2002). Hier setzt der Forschungsbereich der Computer Supported Cooperative Work (CSCW) bzw. Computergestützte Gruppenarbeit[2] an. Dieser noch junge und interdisziplinäre Forschungsbereich beschäftigt sich mit der Zusammenarbeit von Individuen in Gruppen im Rahmen von Informations- und Kommunikationstechnologien (IuK). Das Akronym CSCW wird im deutschsprachigen Raum mit dem Begriff Computergestützte Gruppenarbeit umschrieben (Grüninger 1996). Die fachlichen Zugänge zu den verschiedenen Gegenständen in CSCW sind sehr verschiedenen und im jeweiligen Forschungskontext zu betrachten. Dennoch kann dieser Forschungsbereich eine Reihe von Errungenschaften hervorbringen, was nicht zuletzt mit der Praxisrelevanz und den unterschiedlichen Kontexten zu tun hat.

Das Ziel dieser Ausarbeitung ist es, einen allgemeinen Überblick über das Forschungsgebiet zu geben. Hierbei sollen zunächst zentrale Definitionsbeiträge aufgezeigt und diskutiert werden. Ferner soll das Forschungsgebiet historisch aufgerissen werden und einzelne Konzepte und Modelle von CSCW vorgestellt und diskutiert werden. Hierbei sollen auch die methodologischen Entwicklungen des Fachs extrapoliert werden. In einem abschließenden Fazit sollen die Erkenntnisse dieser Ausarbeitung zusammengetragen und kritisch reflektiert werden.

---

[1] Vor dem Hintergrund der geschlechtergerechten Sprache und Formulierung (Gender), werde im Rahmen dieser Ausarbeitung substantivierte Adjektive verwendet.

[2] Der Begriff wird im Rahmen dieser Ausarbeitung als feststehender Begriff eines Forschungsgebietes begriffen, weshalb beide Worte großgeschrieben werden.

2. Definitionsversuch

Bei der Frage nach einer einheitlichen Definition einerseits des Begriffs und andererseits des Forschungsbereiches CSCW wird schnell deutlich, dass genau diese nicht existiert. Vielmehr gibt es eine Reihe von Erläuterungen, Annäherungs- und Definitionsversuche. Dies resultiert unter anderem daraus, dass es in den letzten Jahren eine Vielzahl an Veröffentlichungen zu diesem Themenkomplex gab. Dabei setzt jeder Autor bzw. jede Autorenschaft einen anderen Schwerpunkt und eröffnet das jeweilige Thema in einem spezifischen Kontext.

Ein relativ allgemeiner Definitionsversuch geht auf Greenberg (1991) zurück der besagt, dass CSCW das Studium und die Theorie darüber ist, wie Menschen zusammen arbeiten und wie der Computer und dazugehörige Technologien das Verhalten von Gruppen beeinflussen bzw. affektieren (Greenberg 1991). Ähnlich allgemein formulieren Gross und Koch (2007) ihren Definitionsversuch. Nach ihnen beschäftigt sich CSCW mit dem Einsatz von Technologien zur Unterstützung von Zusammenarbeit (Gross & Koch 2007). Beide Annäherungsversuche heben dabei den Aspekt der Gruppenarbeit hervor. Alternativ schreiben Bowers und Benford (1991) dem Forschungsgebiet eine analytische Aufgabe zu (Bowers & Benford 1991). Greif (1998) geht mehr auf die Wirkung und den Einfluss des Computers auf die Gruppenarbeit ein und schreibt: *„Computer-Supported Cooperative Work has emerged as an identifiable research field focused on the role of the computer in group work"* (Greif 1988). Damit weist Greif darauf hin, dass Computertechnologien die Gruppenarbeit nicht nur unterstützen, sondern auch neue Formen der Gruppenarbeit daraus entstehen können. Zentral für Greif ist hierbei die Perspektive auf die Aktivitäten der Nutzenden. Sie merkt an, dass durch den Einsatz von Computertechnologien neue Gruppenaktivitäten und -praktiken entstehen können (Greif 1988). Auch wenn sich die bisher vorgestellten Annäherungsversuche leicht unterscheiden, betrachten sie dennoch alle CSCW als ein Forschungsgebiet. Nach Ellis, Gibbs und Rein (1991) steht CSCW im direkten Zusammenhang mit Groupware. Der Begriff der Groupware soll im späteren Verlauf dieser Ausarbeitung noch näher ausgeführt werden. Es zeigt sich jedoch im Rahmen dieses Kapitels, dass es eine Reihe unterschiedlicher Definitionsversuche und Zugänge gibt, weshalb im Folgenden die Entstehung und Entwicklung des Forschungsgebiets historisch extrapoliert werden soll.

3. Historischer Aufriss des Forschungsgebiets

Obwohl es keine einheitliche Definition gibt, ist die historische Prägung des Begriffs und die Entwicklung des Forschungsbereichs der letzten 25 Jahren relativ deutlich dokumentiert. Der Begriff Computer-supported Cooperative Work wurde erstmals 1984 im Rahmen eines Workshops von Irene Greif und Paul Cashman eingeführt (Schmidt & Bannon 2013). Der Workshop beschäftigte sich mit dem Thema der verteilten Zusammenarbeit von Gruppen. Ende der 80er Jahre wurde die erste Europäische CSCW Konferenz in London abgehalten und 1992 erschien dann der erste CSCW Wissenschaftsjournal (Schmidt & Bannon 2013). Sie merken an, dass CSCW ein heterogener Forschungsbereich ist, der sich nicht nur mit der Entwicklung kollaborativer Technologien beschäftigt, sondern auch mit den Problemen der Forschenden, die durch den Einsatz und die Erforschung solcher Technologien entstehen. Schmidt und Bannon (2013) nennen die Metapher, dass CSCW eher als Basar als eine Kathedrale entstehenden ist. Ähnlich wie im dargestellten Definitionspluralismus im Kapitel zuvor, sind die Forschungszugänge und -gegenstände sehr unterschiedlich und immer im jeweiligen Kontext zu betrachten.

Seit Mitte der 80er Jahre wechselte die Fokussierung von Softwaretechnik und Büroautomatisierung hin zu Gruppenarbeit und deren technische Unterstützung. Wo anfänglich eher kleinere Gruppen anvisiert wurden, geht es heutzutage vielmehr um Netzwerke und große Communities. Die erfolgreiche Durchsetzung der CSCW-Forschung wurde technisch durch die steigende Verbreitung des Personal Computers und der wachsenden Vernetzung der Endgeräte ab circa Mitte der 80er Jahre begünstigt (eds. Connolly & Pemberton 1996). Auch wurden die Benutzeroberflächen immer graphischer, was zur Akzeptanz und Verbesserung der damaligen Rechnersysteme beigetragen hat.

Weiterhin ist CSCW kein isoliertes Forschungsgebiet, sondern integriert Elemente der Disziplinen Informatik, Organisationslehre, Psychologie, Soziologie und den Wirtschaftswissenschaften (Greenberg 1991). Speziell die Soziologie kann dabei eine übergeordnete Rolle spielen, da im Rahmen der Zusammenarbeit von Menschen und Gruppen es immer auch um Praktiken geht (Wulf et al. 2015). Wulff et al. (2015) weisen darauf hin, dass CSCW im wesentlichen auf praxistheoretischen Konzepten der Soziologie nach Bourdieu, Giddens, Garfinkel und Latour bezieht (Wulf et al. 2015). Dabei fällt auf, dass in der Publikation von Wulf et al. (2015) die praxistheoretische Perspektive auf CSCW eine tragende Rolle spielt - ähnlich wie es bei Greif (1988) zu erkennen ist.

Im Jahre 1965 wurde der erste computergestützte Mehrbenutzer-Editor geschaffen, der die gemeinsame Arbeit an einem Dokument in einer gemeinsamen Umgebung ermöglichte (Borghoff & Schlichter 1995). Personen die geografisch verteilt waren konnten Texte erstellen, lesen, strukturieren und im Informationsraum navigieren, was gemeinhin als **asynchrone Kooperation** beschrieben wird (Borghoff & Schlichter 1995). Zehn Jahre später wurde ein System, das die **synchrone Kommunikation** zwischen mehreren Teilnehmenden ermöglichte, entwickelt.

Anfang der 70er Jahre kamen dann Konferenzsysteme hinzu, die eine textbasierte gruppeninterne Diskussion ermöglichten. Diese wurden später durch Audio- und Videosignal-Integration erweitert. Hierbei unterscheiden Borghoff und Schlichter (1995) vier Arten von Konferenzsystemen. **Nicht-Realzeit Rechnerkonferenzen** beschreiben den asynchronen Austausch von Nachrichten, beispielsweise das Senden und Empfangen von E-Mails auf den Arbeitsplatzrechner. **Realzeit-Rechnerkonferenzen** beschreibt die Verteilung der Teilnehmenden über mehrere Räume, die wiederum mit Rechnern ausgestattet sind. Hierbei etabliert sich der Austausch von Daten und Informationen, jedoch ohne Verbindung über Video- oder Audiosignale. Die **Telekonferenz** beschreibt die Unterstützung einer Gruppe durch Mittel der Telekommunikation, also Audio- und Videosignale. Dabei ist jedoch keine gemeinsame Bearbeitung von Informationen möglich. **Desktopkonferenzen** sind als Kombination der letzen beiden Arten zu beschreiben, die ein gemeinsames Bearbeiten von Informationen erlauben und durch Videosignale am Bildschirm angereichert werden können.

Ab den 80er Jahren begann die Entwicklung von **Koordinationssystemen**, die die Steuerung und Verwaltung von Gruppen und Informationen ermöglichten (Borghoff & Schlichter 1995). Hierbei unterscheiden die Autoren zwischen vier Arten von Koordinationssystemen. Das **formularorientierte** System beschreibt den Umlauf eines Dokuments in einer Organisation, bei dem jeder Teilnehmende nach Erhalt dieses Dokuments eine Tätigkeit ausübt und das Dokument abzeichnet und weiterleitet. **Prozedurorientierte** Systeme modellieren die Funktionen und Abläufe innerhalb einer Organisation. **Konversationsorientierte** Systeme modellieren die Interaktion von Gruppenmitgliedern. Beispielsweise können hier sprachliche Äußerungen in einem elektronischen Nachrichtenfluss bildlich dargestellt werden. **Kommunikationsorientierte** Systeme hingegen dienen der Modellierung von komplexeren Kommunikationsstrukturen innerhalb einer Organisation, speziell im Hinblick auf die verschiedenen Rollen, Aufgaben und Postionen der einzelnen Gruppenmitgliedern. Eine Kombination dieser Grundmodelle beginnt circa in den 80er Jahren (Borghoff & Schlichter 1995). Der historische Aufriss der

Entstehung von CSCW konnte zeigen, dass CSCW sich sozusagen kontinuierlich in Abhängigkeit mit den entstandenen Informationstechnologien geformt hat (Schmidt & Bannon 2013). Dabei ist CSCW nicht aus einer bereits bestehenden Disziplin entstanden, wie beispielsweise aus der Information heraus, sondern kann als logische Konsequenz vieler Problemfelder im Zusammenhang mit dem Umhang mit Informationstechnologien begriffen werden.

Die Diskussion über den Umfang und den Fokus von CSCW in den letzten 40 Jahren scheint endlos zu sein und bedarf weiterhin an Klärung (Schmidt & Bannon 2013). Um die Vereinheitlichung von CSCW hin zu einer Forschungsdisziplin nachzuvollziehen, spielt der Zeitraum von Ende der 80er Jahre bis Anfang der 90er Jahre eine zentrale Rolle (Schmidt & Bannon 2013). Zentrale Antreiber der CSCW-Forschung waren damals überzeugt, dass es einen neuen Ansatz benötige, um die Entwicklung von und den Umhang mit kollaborativen Informationstechnologien zu Erforschungen. Schmidt und Bannon (2013) merken an, dass CSCW aus verschiedenen Denkschulen und Forschungstraditionen heraus etabliert hat. Bei der Etablierung von CSCW als Forschungsbereich spielten vor allem ethnographische Denkmodelle und Grundlagen aus der Organisations- und Arbeitslehre eine überforderte Rolle (Schmidt & Bannon 2013). Forschende verschiedenster Fachrichtungen wurde klar, dass sie Problemen ähnlicher Natur im Rahmen von kollaborativer Gruppenarbeit entgegenstanden und diese Probleme über die Perspektive der CSCW artikulieren mussten.

Da nun die Entstehung von CSCW ebenso wie die historischen Rahmenbedingungen angerissen und diskutiert wurden, sollen nun im Folgenden zentrale Modelle der CSCW vorgestellt und diskutiert werden.

4. Diskussion relevanter Modelle

Eine Möglichkeit die verschiedenen Forschungsbereiche innerhalb der CSCW zu unterscheiden bietet das „**3-K-Modell**", welches in Kommunikation, Kooperation und Koordination unterteilt ist (Teufel et al. 1995). Dieses Modell begünstigt eine vereinfachte Form um Interaktion zu beschreiben. Kommunikation meint das gegenseitige Verstehen von Personen, die Informationen austauschen. Koordination meint die Planung von aufgabenorientierten Tätigkeiten und die Zuweisung von Aufgaben und Ressourcen. Kooperation meint das gemeinsame Arbeiten an Artefakten. Um den einzelnen Ausprägungen jeweils Gewicht zuzuteilen, muss man Groupware in dieses Modell einbringen. Der Begriff der **Groupware** bezeichnet die Software, Hardware und Services, die im Rahmen der kooperativen Zusammenarbeit genutzt werden (Borghoff & Schlichter 1995). Erstmals benutzt wurde der Begriff 1982 von Johnson-Lenz (Johnson-Lenz P. & Johnson-Lenz T. 1982, S.47). Groupware unterstützt und verdeutsch gleichermaßen den Aspekt der Gruppenarbeit und fördert die Bildung und Ausprägung eines kollektiven Bewusstseins der Nutzenden, durch einen gegenseitigen und interaktiven Informationsaustausch. Je näher sich also ein System in der Nähe eines der drei Ausprägungen befindet, desto mehr wird dieser Beriech durch das System unterstützt. Dennoch sind diese drei Aspekte nicht isoliert voneinander zu betrachten. Systeme können Aspekte aus allen drei Bereichen enthalten, jedoch ist die Ausprägung immer unterschiedlich. Dieses Modell ist auch für die wissenschaftliche Praxis geeignet, da es sich zum einen zur Analyse anbietet und gleichermaßen auch für die Konzeption von Systemen. Letztlich dient das Modell zur Klassifikation von Groupware.

Neben dem „3-K-Modell" gibt es beispielsweise auch das Modell der zweidimensionalen **„Raum-Zeit-Taxonomie"** (Johansen 1991). Dieses Modell dient dem Orts- und Zeitbezug von Wissensarbeit und versucht Kooperation in verschiedene Unterklassen zu kategorisieren. Nach diesem Modell können Gruppenmitglieder durch ein kooperatives System entweder räumlich getrennt oder am gleichen Ort und zeitlich versetzt oder gleichzeitig interagieren (Gross & Koch 2007, S. 49). Bei der Kategorisierung entstehen also folglich vier Quadranten. Es ist jedoch anzumerken, dass es Systeme gibt, die je nach Ausprägung und Komplexität, einem bzw. mehreren Quadranten zugeordnet werden kann. Auch dieses Modell eignet sich einerseits zur Analyse und andererseits zur Konzeption von Groupware-Systemen. Weiterhin ist dieses Modell noch um das Kriterium der Synchronität zu erweitern. Dies ermöglicht eine Differenzierung zwischen synchroner (gleichzeitiger) und asynchroner (zeitlich versetzter) Zusammenarbeit. Es fällt jedoch auf, dass dieses Modell die funktionalen Beziehungen zwischen Gruppenmitgliedern untereinander und dem System außer acht lässt.

Dabei ist ein drittes CSCW Klassifikationsmodell zu nennen, dass sich genau dem widmet. Das **Personen-Artefakt-Rahmenwerk** nach Dix et al. (1993). Zunächst unterscheiden Dix et al. (1993) zwischen verschiedenen Informationsflüssen, die als Grundlage für das Modell dienen: Direkte Kommunikation, Verstehen, Rückmeldung, Steuerung und Durchreichung (feedthrough). Das Personen-Artefakt-Rahmenwerk in ein Schaubild in Form eines Graphen, das mit Knoten und Verbindungslinien versehen ist. Dabei bilden zwei Personen abgekürzt mit P Teilnehmende einer Arbeitsgruppe. Auch als Knoten wird das Groupware-System dargestellt, in diesem Modell als Arbeitsartefakt bezeichnet. Die Verbindungslinien zeigen die Interaktions- und Kommunikationswege an, diese können einseitig und zweiseitig sein. Zwischen den Personen etabliert sich eine direkte Kommunikation, sie verstehen sich beide. Eine Person steuert das Arbeitsartefakt und die andere Person erhält darüber die Rückmeldung von dem Arbeitsartefakt. Es kann aber auch sein, dass eine Person Informationen durch das Arbeitsartefakt durchreicht (feedthrough), hier wird das Artefakt manipuliert und die andere Person wird darüber benachrichtigt. Um dieses Modell zu verstehen ist es wichtig zu sehen, dass das Modell keineswegs statisch zu betrachten ist, sondern vielmehr je nach Arbeitsartefakt und Arbeitsgruppengröße variieren kann, somit dynamisch ist. Demnach ist dieses Modell anpassungsfähig. Das Modell dient für Nutzende und Systemgestaltende, um die Informationsflüsse zurückverfolgen zu können. Dennoch kann das Modell als Analyse-Modell von funktionalen Beziehung in einer Arbeitsgruppe und als Konzeptions-Modell betrachtet werden.

Es zeigte sich, dass alle vorgestellten Modelle sich in ihrer Ausprägung und Aussagekraft unterscheiden. Auch werden bei allen Modellen jeweils andere Zugänge gewählt, um Groupware zu klassifizieren. Vor dem Hintergrund der sich stetig weiterentwickelnden Groupware ist es dennoch fraglich, ob die vorgestellten Modelle auch weitergedacht werden müssen und an die sich veränderten Rahmenbedingungen angepasst werden können.

5. Fazit

Die Gegebenheit, dass die Computergestützte Gruppenarbeit ein noch sehr junger und dynamischer Forschungsbereich ist führt dazu, dass die einzelnen Potenziale und die Bedeutung einzelner Gegenstände noch sehr lebhaft diskutiert werden. Die vorliegende Ausarbeitung konnte aufzeigen, dass es noch Uneinigkeit über eine genaue und international anerkannte Definitionen des Begriffes und der Anwendungsbereiche von CSCW gibt. Im Rahmen des historischen Aufrisses konnte erarbeitet werden, dass sich der Forschungsbereich CSCW aus verschiedenen Disziplinen und Denkschulen herausgebildet hat, wobei die theoretischen Konzepte der Soziologie und der Arbeits- wie Organisationslehre zentral waren. Ebenfalls ist die Entstehung von CSCW durch die historisch-technologischen Bedienungen begünstigt worden.

Ebenso wie ein Definitionspluralismus zu erkennen ist, gibt es sehr viele unterschiedliche Konzepte und Modelle innhalb der CSCW, die jeweils eine unterschiedliche fachliche Perspektive einnehmen. Die einzelnen Konzepte können dabei auf sich aufbauen und sich aber auch teilweise stark unterscheiden. Dennoch bieten die lebhaften Diskussionen innerhalb der CSCW einen Mehrwert für die Reflexion der eigenen Arbeit und begünstigt somit die Weiterentwicklung neuer und effizienter Systeme. Durch die Beschleunigung menschlicher Arbeitsprozesse und die darin enthaltenen Informationsflüsse, ist die Weiterentwicklung und Diskussion der Thematiken innerhalb der CSCW von zentraler Bedeutung für die Praxis und für die Wissenschaft gleichermaßen.

II. Literatur- und Quellenverzeichnis

- Borghoff, U.M. & Schlichter, J.H., 1995, *Rechnergestützte Gruppenarbeit, Eine Einführung in Verteilte Anwendungen*, Springer, Berlin, Heidelberg.
- Bowers, J. & Benford, S.D., 1991, *Studies in Computer-Supported Cooperative Work: Theory, Practice and Design, Human Factors in Information Technology*, Elsevier Science, Amsterdam.
- Connolly, J.H., Pemberton, L., 1996: *Einleitung*, in Connolly, J. H., Pemberton, L. (eds.), Linguistic Concepts and Metods in CSCW, pp. 1-16, Springer, London.
- Dix, A., Finlay, J., Abowd, G.D., Beale, R., 1993, *Human-Computer Interaction*, Third Edition, Prentice-Hall, Edinburgh.
- Ellis, C.A., Gibbs, S.J. & Rein, G.L., 1991, `Groupware, Some issues and experiences`, Communications of the ACM, Vol.34, No.1, pp. 38 - 58, Association for Computing Machinery, New York.
- Greenberg, S., 1991, *Computer-supported Cooperative Work and Groupware*, Academic Press, London.
- Greif, I., 1988, *Computer-Supported Cooperative Work, A Book of Readings*, Morgan Kaufmann Publishers Inc., San Mateo CA.
- Gross, T. & Koch, M., 2007, *Computer-Supported Cooperative Work*. Oldenburg Verlag, München, Wien.
- Gründinger, C., 1996, *Computergestützte Gruppenarbeit im Büro, Nutzung und Bewertung*, Peter Lang Verlag, Frankfurt.
- Johansen, R., 1991, `Teams for Tomorrow`, *Proceedings of the 24th Annual Hawaii International Conference on System Science* (HICSS-24), 8-11 January 1991, Band III, pp. 521-534.
- Johnson-Lenz, P. & Johnson-Lenz, T.,1982, `Groupware. The Process and Impact of Design Choices, in E.B. Kerr & S.R. Hiltz (eds.), *Computer-Mediated Communication Systems: Status and Evaluation*, pp. 45-56, Academic Press, New York.
- North, K, 2002, *Wissensorientierte Unternehmensführung, Wertschöpfung durch Wissen*, Gabler, Wiesbaden.
- Schmidt, K. & Bannon L., 2005, `Constructing CSCW. The Frist Quarter Century`, *Journal of Computer Supported Work* 2, pp. 345-372.
- Teufel, S., Sauer, C., Muelherr, T., Bauknecht, K., 1995, *Computerunterstützung für die Gruppenarbeit*. Addison-Wesley, Bonn.

- Wulf, V., Müller, C., Pipek, V., Randall, D., Rohde, M., Stevens, G., 2015, `Practice-Based Computing. Empirically Grounded Conceptualization Derived from Design Case Studies`, in V. Wulf, K. Schmidt, D. Randall (eds.), *Designing Socially Embedded Technologies in the Real-World*, pp. 111-150, Springer, London.

BEI GRIN MACHT SICH IHR WISSEN BEZAHLT

- Wir veröffentlichen Ihre Hausarbeit, Bachelor- und Masterarbeit

- Ihr eigenes eBook und Buch - weltweit in allen wichtigen Shops

- Verdienen Sie an jedem Verkauf

Jetzt bei www.GRIN.com hochladen und kostenlos publizieren